MANDALA

LIBRO DE COLOREAR PARA NIÑOS

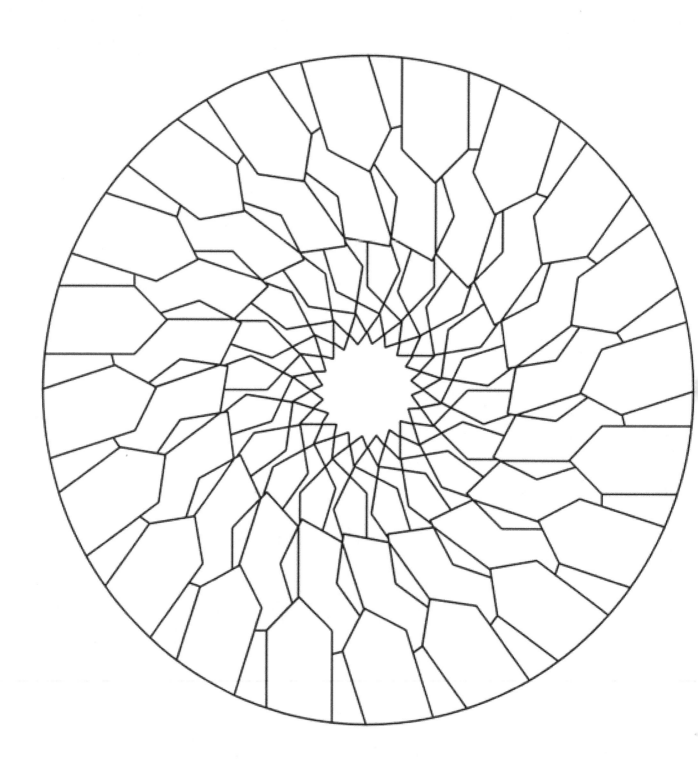

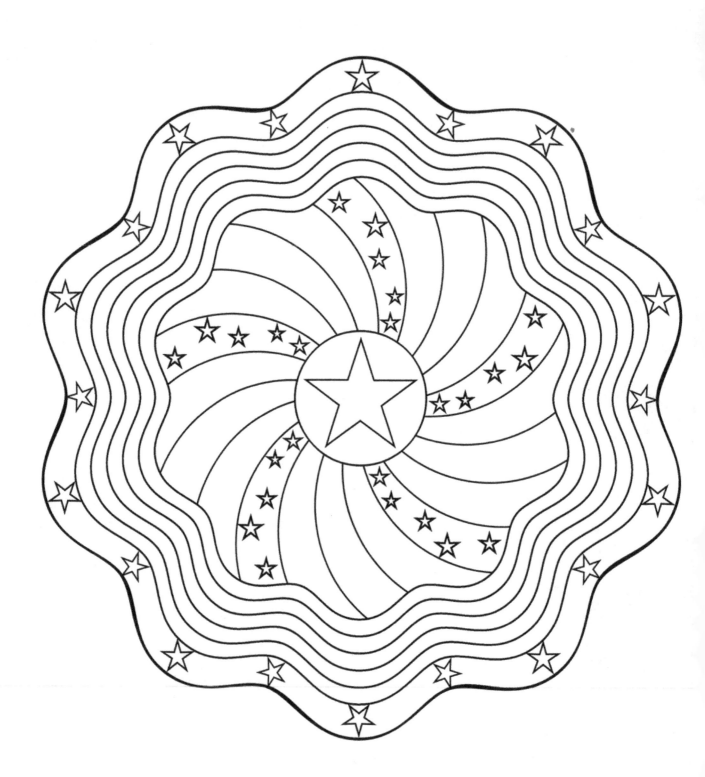

Página De Prueba De Color

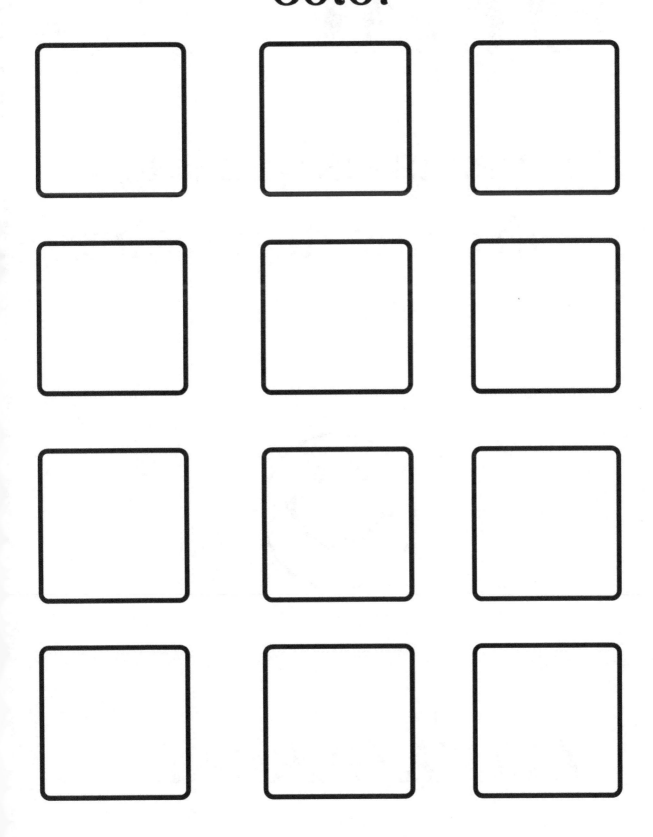

Gracias

Esperamos que haya
disfrutado de nuestra
Libro

ALETA GERENA

CPSIA information can be obtained
at www.ICGtesting.com
Printed in the USA
BVHW060620070521
606649BV00005B/1220